AF454223

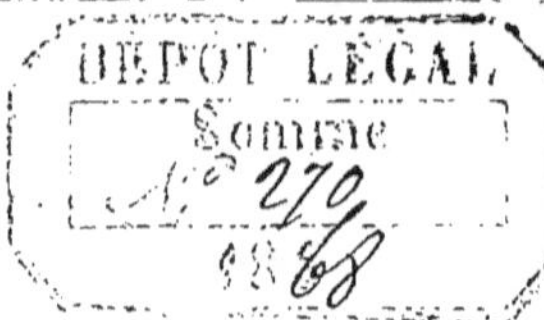

BARREAU DE PARIS

MICHEL DE LHOSPITAL

DISCOURS

PRONONCÉ LE 4 DÉCEMBRE 1868

A LA

SÉANCE DE RENTRÉE

DE LA

CONFÉRENCE LHOSPITAL

PAR

A. DUCRAY

PRÉSIDENT

IMPRIMÉ AUX FRAIS DE LA CONFÉRENCE

PARIS

ANCIENNE MAISON GUSTAVE RETAUX

C. PICHON-LAMY, LIBRAIRE-ÉDITEUR

RUE CUJAS 15.

1868

DISCOURS

PRONONCÉ LE 4 DÉCEMBRE 1868

A LA SÉANCE DE RENTRÉE

MESSIEURS ET CHERS CONFRÈRES,

Aller en avant, marcher sans cesse de conquêtes en conquêtes, faire que les découvertes du jour ne soient qu'une préparation à celles du lendemain, telle est la loi nécessaire de l'humanité. Mais si le besoin de savoir a poussé l'homme à déchirer les voiles de l'inconnu, il a aussi marqué chacun de ses progrès par des souffrances et des sacrifices, immolant la vie de l'artiste, dont le sang, par un impénétrable mystère, semble être le ciment de toutes les grandes entreprises.

Tous les illustres novateurs dont les miraculeuses conquêtes ont transformé le monde ont été ces sublimes fous chantés par le poëte, et que l'ingratitude de leurs contemporains a couronnés de l'auréole du martyr. Leur idée à peine éclose a vu se dresser devant elle l'esprit de routine traînant à sa suite les intérêts lésés, l'ignorance mise au jour, l'hypocrisie démasquée, alors s'est engagée une lutte terrible, lutte souvent séculaire. Mais, chose consolante, la vérité finit toujours par briser toutes les entraves et par régner en souveraine. Les ténèbres se sont dissipées et la lumière éclaire le monde, l'Inquisition est passée, Galilée vit encore.

Il en est des peuples, Messieurs, comme des individus, les époques auxquelles nous sommes le plus redevables sont celles qu'ont agitées les crises sociales les plus violentes ; ici encore le progrès n'est que le fruit d'un douloureux enfantement.

Parmi ces siècles à la fois terribles et grandioses se place tout d'abord le seizième siècle. Dès les premiers pas, dans son histoire, l'investigateur s'arrête saisi d'effroi et recule épouvanté, il marche dans le sang entouré du spectacle le plus effrayant. Partout le fanatisme, l'intolérance, la guerre civile, partout le massacre au nom d'un Dieu de paix, partout le crime jusque sur les marches de l'autel. Mais qu'il ne s'arrête point à ce premier aspect, qu'il pénètre plus avant, ses regards se reposeront dans la contemplation d'un tableau moins sombre ; c'est la fièvre d'une société en travail, c'est le bouillonnement du creuset où s'élabore notre civilisation moderne. Aussi que d'éléments divers confondus, alors apparaît la Renaissance, c'est le monde complétement transfiguré par les lumières descendues des sources les plus pures de l'intelligence ; c'est l'Océan franchi, des mondes nouveaux découverts, le secret de la marche des astres arraché au ciel ; c'est Goujon, Primatice, ciselant dans le marbre ou la pierre les sublimes rêveries du génie, c'est Montaigne enseignant la sagesse à la postérité ; c'est le rire frondeur, ironique de Rabelais dont les éclats sont l'expression vivante du vieil esprit gaulois de notre patrie : et tout cela au bruit du tocsin et des arquebusades, aux cris des mourants, à la flamme des auto-da-fé.

Mais si ces époques d'agitation sont voilées d'une teinte sombre qui laisse au cœur de celui qui les étudie une tristesse mêlée d'amertume et de regrets, elles sont traversées par de douces et sympathiques figures qui réconcilient avec l'humanité et qu'il est consolant de contempler. Leur gloire pure excite un enthousiasme religieux, elles offrent le modèle du beau dans l'ordre moral, comme les chefs-d'œuvre de ciseau des Grecs présentent le type de la beauté dans l'ordre physique. A ce petit nombre de véritables grands hommes appartient Michel de L'Hospital dont nous allons esquisser la vie.

Il naquit à Aigue-perce au commencement du seizième siècle ; sa jeunesse fut malheureuse. Il avait à peine atteint sa dix-huitième année lorsque le caprice amoureux de Louise de Savoie se changeant en haine poussa le Connétable de Bourbon à quitter la France. Parmi les personnes qui suivirent ce prince dans l'exil se trouvait Jean de L'Hospital son médecin, qu'un arrêt du Parlement vint condamner par coutumace à la perte de ses biens. Devenu suspect par les malheurs de son père, le jeune L'Hospital se vit jeter dans les prisons. C'est ainsi qu'à peine entré dans la vie, en butte aux colères et aux persécutions, il apprit au milieu des souffrances l'amour de la justice et la haine des partialités politiques.

Rendu à la liberté, il alla rejoindre son père en Italie où il acheva ses études. En même temps qu'il approfondissait les lois et recueillait de braves connaissances, il cultivait la poésie qui ne cessa jamais de le charmer ; parvenu à de hautes fonctions, il trouvait encore des moments à lui consacrer et dans ses derniers jours elle embellit sa retraite.

Il se livra à l'étude avec une telle ardeur qu'après six années passées à Padoue, il était déjà célèbre par son érudition et obtint à Rome une charge de judicature qu'il abandonna bientôt pour revoir la France sous les auspices du cardinal de Grammont. Ce prêtre honnête homme, dont la science et les vertus étaient la critique vivante de l'ignorance et des mœurs du clergé de son temps, lui promettait un avenir honorable. A peine de retour, L'Hospital perdit son protecteur : alors sans appui, sans fortune, supportant le poids d'un nom suspect, résolu à se suffire à lui-même, il suivit avec ardeur le barreau de Paris.

Le barreau d'alors cultivait encore cette éloquence grossière et pédantesque du moyen âge, où, par une monstrueuse association, les souvenirs du paganisme étaient mélangés aux traditions bibliques. Il comptait néanmoins dans son sein des hommes d'une profonde érudition et d'une incomparable vertu : c'était souvent parmi ces avocats blanchis dans le travail que l'on avait choisi les juges qui siégeaient au Parlement. Mais

depuis que l'édit du chancelier Duprat avait mis à prix
le droit de juger, il s'était introduit dans le sanctuaire
de la justice des gens indignes d'y entrer. L'Hospital se
fit promptement remarquer par sa science et sa probité
qui lui valurent un mariage honorable. Le lieutenant cri-
minel Morin lui donna sa fille avec une charge de conseiller pour dot. Entré au Parlement, il y apporta cette fierté
rigide qui semblait échappée aux républiques anciennes,
et se fit admirer par l'intégrité de ses avis et sa reli-
gieuse exactitude. Il a pris plaisir à conter dans une
épître latine qu'il arrivait avant le point du jour, et ne
se retirait le dernier, qu'après la dixième heure.

Sa place était cependant loin de lui plaire, l'unifor-
mité de ses occupations s'alliait mal avec l'activité de
son esprit, souvent il expliquait à regret des lois qu'il
se sentait capable de réformer.

Il soupirait après l'instant où les vacances viendraient
le rendre à ses études chéries, où il pourrait relire Xéno-
phon, écouter Platon, remplir son oreille des paroles de
Socrate. « Je me plais surtout, disait-il, à quelque
harangue d'un citoyen vertueux, aimant la liberté de sa
patrie et dont la voix excita les applaudissements du
peuple ou l'admiration du Sénat. »

Il avait quarante-deux ans et n'était encore que conseiller ; il s'afflige dans une de ses épîtres, libre expression de son âme, de rouler sans cesse ce rocher de
Sisyphe qui retombe toujours : « Pourquoi donc ne
suis-je pas plus heureux ? Pourquoi ma barque s'est-elle
arrêtée sans naufrage sur l'écueil où s'est brisée celle
de mon père ? »

Enfin des jours plus heureux vinrent briller pour L'Hospital ; une femme sut deviner son génie, c'était Marguerite de Valois, fille de François Ier. Amie des lettres, recherchant ceux qui les cultivaient, protectrice du savant Ramus et du sceptique Marot, elle choisit L'Hospital pour son chancelier. Aussi avec quelle effusion ne la remercie-t-il pas : « Vous êtes toujours affable, lui écrit-il, pour ceux que vous admettez près de vous, gracieuse sans tromperie, noble sans hauteur ; secourable aux malheureux, votre maison est le refuge des hommes de bien, elle est sainte et respectée. »

Ce n'était là que le premier sourire de la fortune, de nouvelles faveurs allaient bientôt appeler L'Hospital à des fonctions plus dignes de lui. La Cour toujous effrayée du désordre croissant des finances cherchait un homme capable de mettre un terme aux abus, Marguerite attira l'attention sur son protégé, il fut nommé surintendant à la Cour des comptes.

Le quart des impôts tout au plus parvenait au trésor et les courtisans se disputaient les débris de la fortune publique échappés aux traitants. L'Hospital assura le recouvrement de l'impôt, rejeta toutes les dépenses qui n'avaient pas le service de l'État pour objet, refusa le paiement des ordonnances de faveur, et poursuivit les hommes gorgés de coupables richesses. Ses ennemis étaient nombreux et puissants, ils ne négligèrent rien pour le perdre ; pendant six ans il les confondit par son inflexible justice et son désintéressement absolu. Obligé de céder devant leur influence et leurs calomnies, en quittant la surintendance il n'avait pas de dot à donner à sa fille.

Il se retira dans sa petite propriété de Vignai qu'il tenait de la munificence royale. C'est là que dans l'idiome et souvent avec le tour gracieux d'Horace, il chante les charmes de la vie champêtre.

> Hic carmina condo,
> Aut aliquid Flacci relego, doctive Maronis.

C'est là qu'il invite ses amis à partager son bonheur, la cordialité y remplacera le luxe ! Comme Fabricius, il ne possède qu'une salière d'argent, encore doit-il à la prudence de sa femme de ne l'avoir point oubliée à la ville ! Le nombre de ces amis était fort petit. C'étaient des hommes savants et vertueux, des magistrats intègres, que la dépravation des mœurs de l'époque faisait briller d'un plus vif éclat. C'étaient l'infortuné Dubourg, les deux Du Ferrier, le président De Thou, père de l'historien, et quelques autres non moins célèbres.

Cette vie si douce, si conforme aux besoins de cette âme poétique et rêveuse, ne devait pas durer longtemps. Le chancelier Olivier, ancien magistrat comme L'Hospital, son ami, imitateur de ses vertus, venait de rendre le dernier soupir après un long exil suivi d'un retour à la faveur. Médicis, effrayée du pouvoir toujours croissant des Guise, voulut lui donner pour successeur un homme intègre, fidèle au roi, et qui ne se fît point l'instrument de l'ambition des grands.

L'Hospital se vit donc tout à coup arraché à l'honorable retraite où il vivait et appelé aux fonctions de chancelier de France. La reine-mère et le cardinal de Lorraine, malgré les intérêts et la haine qui les divisaient, s'entendirent pour lui confier ce poste éminent. On est d'abord saisi de surprise ; on se demande par quel prodige des êtres nourris dans le plus profond égoïsme élevèrent si haut un magistrat qui ne pouvait servir, aimer, connaître que l'intérêt public. Chaque parti, entouré de périls, sentait le besoin d'un appui. Ce L'Hospital, si renommé pour ses talents et ses lumières, si chéri pour sa probité et pour son dévouement au bien du pays, quels avantages ne devait-on pas se promettre de l'employer, si, touché par la reconnaissance, ébloui par la fortune, il consentait à devenir un instrument docile dans la main qui l'aurait élevé ?

Les deux Guise croyaient pouvoir compter sur sa déférence, et la reine eut soin de lui faire connaître qu'elle seule l'avait choisi. C'est ainsi que leur perversité servit la France en les empêchant de croire à des vertus incorruptibles.

Jamais circonstances ne furent plus difficiles pour opérer le bien. Puissants par leur naissance, par leurs talents et leur audace, les Guise gouvernaient l'État. Plus amis de l'intérêt public, mais non sans passion, aigris par les injustices de leurs adversaires et par leurs propres fautes, les chefs des protestants ne sommeillaient qu'entourés de leurs armes. Avide du pouvoir, Catherine de Médicis détestait les protestants et les Guise, dévorait en secret le dépit de l'orgueil outragé, en aspirant au jour de la vengeance. Le personnage le moins influent de la Cour était ce jeune et débile mo—

narque, bercé par les caresses de son épouse, Marie
Stuart, que dirigeaient les Guise, ce François II qui ne
fit que passer sur le trône, et mourut sans avoir connu
les travaux ni peut-être les chagrins d'un roi.

Si de la Cour on portait ses regards sur le peuple,
on le voyait appauvri, dépravé par les guerres civiles,
exalté jusqu'au plus furieux fanatisme, divisé par les
manœuvres et les ambitions du clergé, déguisées sous
les apparences de l'intérêt de la foi, en deux peuples
ardents à s'entre-déchirer. Ce fut au milieu de tous ces
éléments de discorde que L'Hospital reçut une magis-
trature qui l'appelait à faire régner les lois et la
justice.

En er'rant au pouvoir, il apportait avec lui des projets (es de son génie, des illusions comme en con-
çoive .es grands cœurs seulement. Il se fit le champion
de ces idées généreuses qui ralliaient alors à elles un
petit nombre d'esprits supérieurs, et qui, depuis, par
une marche progressive, ont triomphé de la fureur des
despotes, des massacres de la Saint-Barthelémy, et des
dragons de Louis XIV, pour régénérer le monde
moderne.

Bien que ses efforts n'aient point été couronnés de
succès, il n'en mérite pas moins les hommages et l'admiration de la postérité, pour avoir deviné par sa seule
supériorité, et défendu ce système de libertés religieuses
que le temps et l'expérience ont fait lentement pénétrer
dans nos mœurs, libertés qui naguère encore vien-
nent de rappeler à la vie une grande nation déchue.

Ayant à combattre une soldatesque effrénée, des

prêtres ambitieux, des courtisanes avides, L'Hospital lutta courageusement sans jamais abandonner ses espérances. Le premier acte de son administration affirma hautement ses résolutions ; il fit mettre en liberté le prince de Condé, dont le cardinal de Lorraine ne cessait de demander la tête depuis la conjuration d'Amboise.

Le chef du parti catholique n'opposa pas du reste une violente résistance, il roulait alors dans son esprit des projets dont la réussite lui promettait de brillantes représailles. Il voulait doter la France de ce tribunal atroce qui a longtemps fait la honte de l'Espagne, de l'inquisition, cette machine si admirablement inventée pour assurer la domination des moines et rendre toute une nation hypocrite.

Le chancelier ne put détourner ce malheur imminent qu'en accordant aux Guise l'édit de Romorantin qui défendait aux protestants de s'assembler sous peine de mort et qui attribuait aux évêques la connaissance du crime d'hérésie. Contraint souvent à de douloureux sacrifices pour éviter des maux plus grands, L'Hospital pouvait répéter les paroles de Solon expliquant par les vices d'Athènes l'imperfection de ses lois.

A la mort de François II le chancelier s'efforça de donner au gouvernement une impulsion plus sage, préparant par degrés les esprits il avait prononcé des paroles de paix aux états généraux d'Orléans et de Pontoise, lorsqu'enfin il demanda la liberté de conscience à l'assemblée de Saint-Germain et fit entendre des vérités qui pour être énoncées exigeaient alors autant de lu-

mières que de courage et de vertu : « il ne s'agit point
« de décider sur la foi, il s'agit de régler l'état. On
« peut être citoyen sans être catholique. Malheur à
« ceux qui conseilleraient au roi de se mettre à la tête
« d'une moitié de ses sujets pour égorger l'autre....
« Que les évêques déploient contre les hérétiques les
« seules armes qu'employèrent jadis les Hilaire et les
« Ambroise, la sainteté de leur vie et l'exemple de leurs
« vertus. Quant à nous, ce qui nous importe, c'est que
« tous les citoyens catholiques ou protestants vivent en
« paix et respectent les lois. » Et en terminant il ajoutait:
« Otons ces mots diaboliques, noms de partis et de sé—
ditions, luthériens, huguenots, papistes ; ne changeons
point le nom de chrétien. »

Sage mais inutile médecin d'une frénésie trop ardente
pour être si facilement calmée, le chancelier espéra un
instant avoir atteint son but. L'édit de janvier, résultat
de l'assemblée de Saint-Germain, pouvait donner le repos
à la France, mais l'ambition et les haines des partis
voulurent égaler en activité la sagesse de L'Hospital.
On aurait dit que la promulgation d'une loi de tolérance
était pour les catholiques une défaite dont ils devaient
réparer la honte et pour les protestants une victoire dont
ils pouvaient user avec insolence.

Le catholicisme était peu habitué à rencontrer un ad—
versaire, jusqu'alors il avait gouverné le monde. A la
fois puissance morale, politique, intellectuelle, et civile, il
prenait l'enfant au berceau et le suivait dans tous les
actes de sa vie jusqu'à ce que vieillard il le descendit
au tombeau. Il traitait le monde comme un grand cloître,

confisquait l'homme intérieur dans toutes ses pensées, lui seul savait, parlait, enseignait, faisait à sa volonté l'ombre et la lumière dans les esprits pour enrôler des âmes à Dieu. Il avait un pied dans chaque foyer, un regard dans chaque conscience. Il avait inventé des crimes moraux que le coupable commettait dans le secret de sa pensée, proscrivant l'intelligence comme hérétique, il jetait ses œuvres à la flamme des buchers. Le catholicisme était donc puissant et redoutable, il pouvait, appuyé sur ses fondements de granit, braver toutes les tempêtes et laisser les siècles rouler.

Il ne l'a pas voulu: au lieu de prévenir Luther en supprimant les priviléges de mendicité, et d'arrêter Calvin en harmonisant sa discipline avec les besoins du temps, au lieu de saisir l'étendard du progrès qu'il avait si longtemps, si vaillamment porté, il déserta, il voulut barer le chemin à la civilisation. Alors s'engagea la lutte, le catholicisme débordé fut vaincu pour la première fois. Oubliant ses origines, ses souffrances, les catacombes, oubliant, ce qu'aurait dû lui rappeler son passé, que la persécution grandit la victime et tue le bourreau, il organisa contre les protestants les égorgements tentés, comme un suprême effort, par le paganisme expirant. Quelle dérision, être fort et puissant et se laisser aller à la fureur sénile d'un vieillard décrépit! Être maître du monde et jouer son empire contre le froc d'un moine!

Je comprends maintenant les douleurs d'une si violente pression, je comprends les colères et les rapides progrès d'une secte naissante. Je m'explique le résultat de cette lutte où sous l'étreinte d'un enfant le colosse de la catholicité ralliait son adhésion à la liberté de conscience, je m'explique cet enthousiasme entraînant les nations du Nord, qui, de leur forte voix, jetaient aux quatre vents du ciel le chant de victoire du christianisme qui devenait ainsi l'hymne lugubre des funérailles qu'on lui souhaitait: le grand Pan n'est plus.

Et derrière tout cela les Guise, artisans de tous les maux, couverts d'un voile hypocrite, attisaient la discorde au nom de l'intérêt de la religion et excitaient les deux partis à prendre les armes.

Le chancelier opposait à toutes ces passions sa tolérance, son amour du bien public, ennemi des résolutions violentes il les combattait dans le conseil : « Ce n'est point, s'écriait Montmorency, aux gens de robe qu'il appartient d'opiner sur la guerre. » « S'ils ne savent manier les armes, répondit L'Hospital, ils savent quand il faut les prendre. » Son pacifique courage le fit éloigner du conseil mais l'opinion publique protestait par ces mots du manifeste de Condé : « Comment voudraient-ils le bien : ils ont éloigné l'Hospital. »

La guerre civile ensanglanta de nouveau l'État. Commencée par le massacre de Vassy, elle se termina par l'assassinat du duc de Guise. Ainsi privés de leur chef, les catholiques posèrent les armes.

L'Hospital rédigea les articles de paix et la tolérance fut proclamée. Toujours au poste de l'honneur pour prévenir la guerre il chercha par une fusion entre les deux partis à la rendre impossible dans l'avenir. Pour occuper leur ardeur guerrière, il tourna leurs armes contre les Anglais, alors maîtres du Hâvre, et bientôt l'on vit chefs et soldats naguère ennemis réunis sous le même étendard, expier la guerre civile en se dévouant d'un commun accord à la cause de la patrie.

Pour affermir l'autorité royale il fit déclarer majeur Charles IX âgé de quatorze ans, et le décida à visiter ses provinces. Dans ce voyage, le chancelier voulait attirer à son roi le cœur des Français et lui donner d'utiles instructions. Tantôt il montrait à son royal élève les villes incendiées, les fermes détruites, les campagnes ravagées ; et l'effrayante éloquence des ruines rendait plus vive l'impression de sa voix paternelle. Tantôt dans les Parlements, en présence du jeune monarque il rap—pelait aux magistrats leurs devoirs avec la fermeté d'un homme qui n'a jamais trahi les siens. Il considérait la mauvaise administration de la justice comme la cause des maux de l'État, il fallait supprimer les épices et soumettre les juges à la censure. C'est surtout au sein du Parlement de Bordeaux qu'il s'éleva avec le plus d'énergie. « On vous accuse de beaucoup de violences, s'écriait-il, vous menacez les gens de vos jugements, plusieurs sont scandalisés de la façon dont vous faites vos affaires et surtout vos mariages ; quand on sait quelque riche héritière, quand et quand... c'est pour M. le Conseiller.... Il en est entre vous lesquels se sont faits capitaines, les autres commissaires de vivres ; ceux—là devraient laisser leurs robes et se faire mar—chands. »

Ce voyage qui faisait naître de grandes espérances n'eut cependant qu'un résultat sinistre. Il ne fut dans tout son trajet qu'une longue réjouissance. A Bayonne,

surtout, on passa trois semaines en festins, bals et tour-
nois. La Cour étala un luxe effréné, ces fêtes furent
brillantes d'élégance et de somptuosité. On y put re-
connaître le goût florentin de la fille des Médicis, la
poésie et les arts furent appelés à les embellir, et les
vers récités dans les intermèdes et les divertissements
furent l'ouvrage de Ronsard, célébré comme le plus grand
poète qui eût paru. Catherine au lieu de partager ces
plaisirs conférait avec le duc d'Albe. Cruel par instinct
politique, inhabile à se passer de crime, le duc versa
dans l'âme faible de la reine le poison de ses doctrines
perverses. « Il fallait, disait-il, ne pas s'amuser inutile-
ment à prendre des grenouilles, et pêcher les gros pois-
sons. » Médicis le quitta, convaincue qu'on doit écarter
du trône les idées de justice et qu'on ne peut gouverner
que par la perfidie et la violence.

Il fallait éloigner L'Hospital puisque l'injustice devait
régner, il ne s'occupait plus au milieu de cet armistice
que la guerre civile avait accordé au droit qu'à régler
l'État. Le chancelier donnait à l'autorité royale la force
dont elle a besoin et les limites qui lui sont nécessaires.
Il obligea les Parlements à ne point gêner son autorité
légitime, mais il leur défendit d'exécuter les ordres,
même signés du roi, par lesquels on tenterait de violer
la liberté de leurs fonctions. Il souhaitait des États
généraux où la vérité se fit entendre au prince. Entouré
de jurisconsultes habiles, il composait ces belles ordonnances dont Pasquier disait dans son vieux langage
qu'elles *passèrent d'un long entrejet* tout ce qu'on avait
vu précédemment dans ce genre et dont d'Aguesseau a

fait cet éloge qu'elles ont été la source de toutes les améliorations obtenues dans la législation française.

C'est un des spectacles les plus imposants de l'histoire que de voir ce noble vieillard travailler ainsi au profit d'un lointain avenir pour se consoler de son impuissance contre les misères du présent. Il n'avait plus ses illusions de 1560, il luttait sans aide et sans espoir, voyant la France invinciblement entraînée au fond d'un abime de forfaits. « Quand cette neige sera fondue, disait-il, en passant sa main sur sa barbe blanche, quand cette neige sera fondue, il ne restera plus que de la boue. »

Ce grand homme qui planait sur les factions les vit toutes conspirer sa perte ; il avait beaucoup d'ennemis parce que la patrie comptait peu d'amis ; depuis deux ans, il n'avait qu'une ombre d'autorité. Jugeant que ses efforts seraient inutiles, que sa présence à la Cour ne ferait que le rendre complice des attentats qu'il ne pouvait prévenir, il se retira à Vignay où le roi lui fit redemander les sceaux.

Rendu à lui-même, entouré de sa famille, occupé des travaux champêtres, de la lecture des bons livres et de sa chère poésie, il se console des chagrins du passé par la douceur de sa vie présente : « Tel que le voyageur, écrit-il, qui, venant de franchir la vaste mer, approche des bords de la patrie et tourne la proue vers le rivage, ainsi, moi, qui ai passé mon douzième lustre, je songe maintenant à d'autres demeures, j'aspire au séjour du ciel. » Il aurait pu ajouter avec son contemporain Montaigne : « Je dérobe ma vue de ce ciel orageux et nubileux que j'ay devant moi et me vay amusant dans la récordation des jeunesses passées. »

Il eut connu le bonheur parfait si l'avenir de sa patrie n'eut contristé son cœur. Ses tristes prévoyances ne furent que trop réalisées. Jusque-là, on n'avait vu encore que la lutte au grand jour, bien qu'injuste, la persécution odieuse mais entourée d'un certain respect des lois, rien ne faisait pressentir la Saint-Barthélemy. Tout à coup le repos de la nuit est troublé par la cloche de Saint-Germain l'Auxerrois qui promène son glas funèbre sur toute la cité. Alors on vit, spectacle immonde, des soudards gorgés de boissons, la dague au poing, conduits au massacre par des moines, égorger les passants, violer les domiciles, et protestants ou catholiques assassiner les citoyens dans leurs lits. Au milieu de cette sanglante orgie, dominant tous ses éclats, on entendit la voix d'un prêtre chantant la louange du crime s'écrier : « Frappez, frappez toujours, Dieu saura bien reconnaitre les siens. »

Mais tirons un voile sur ce spectacle navrant, venons vivre avec un honnête homme, les dernières heures de son existence. Il faillit lui-même devenir la victime de la fureur de ces forcenés, une populace avinée entoure sa maison, ses fermiers sont garrottés, ses domestiques accourent demander ses ordres. Alors fidèle à la devise qu'il avait adoptée, à laquelle il conforma toute sa vie :

Si fractus il'abatur orbis
Impavidum ferient ruinæ

Il s'écria avec l'accent d'un homme qui ne tient plus

la vie, qu'accable la honte de son pays « si la petite
porte n'est battante pour les faire entrer, qu'on leur ouvre
la grande ».

Gardons-nous de vouloir grossir la liste des forfaits
de cette exécrable époque, la reine, sachant que ses jours
étaient menacés, envoya des gardes pour le protéger et
« lui pardonner ». J'ignorais, répondit L'Hospital,
que j'eusse jamais mérité ni la mort, ni le pardon. »

En l'honneur de l'humanité, conservons ce fait, qu'il
prouve combien étaient imposantes les vertus du chancelier, il prouve aussi que la perversité n'est point
absolue.

Obsédé par le fantôme de cette horrible journée,
succombant sous le poids de l'opprobre public, il mourut peu de mois après la Saint Barthélmy, nous lais-
sant le modèle de la vertu la plus pure dans les temps
les plus pervers.

Telle est la vie de l'illustre chancelier sous le patro-
nage duquel nous avons placé nos réunions. Que le
souvenir de cette vie laborieuse et honnête soit toujours
présent à notre mémoire. Grandissons l'ombre de ce
nom vénérable ! Élevons notre cœur dans la contemplation de ses vertus, afin de nous préparer aux luttes
de la vie, afin qu'arrivés au jour d'un repos conquis par
le travail, nous puissions jeter un regard satisfait sur
la carrière que nous aurons parcourue et nous écrier
avec lui : « Si j'avais à revivre, je vivrais comme j'ai
vécu. »

401 — Abbeville. — Imp. P. Briez

www.ingramcontent.com/pod-product-compliance
Lightning Source LLC
LaVergne TN
LVHW011445170726
843501LV00009B/3313